GARIFUNA PARA NIÑOS

Libro para Colorear
Números del 1 - 10

Creado por Isidra Sabio

Libro para Colorear "Números"

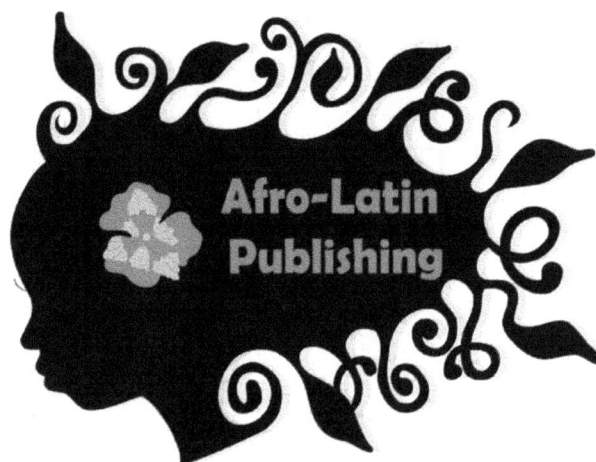

ISBN: 978-0-9888240-5-8

Publicado por Afro-Latin Publishing

Creado por Isidra Sabio

Portada e ilustraciones por Isidra Sabio

Editado por Roy Cayetano

Para ordernar copias de este libro

www.amazon.com

www.facebook.com/AfroLatinPublishing

Printed in USA

Introducción

La cultura Garífuna se originó en la isla de San Vicente y fueron exiliados a Centro América en 1797. La lengua Garífuna es utilizada por más de 100,000 personas principalmente en Honduras, Guatemala, Belice, y los Estados Unidos.

Por más de 200 años de estar en las costas de Centro América, la comunidad Garífuna ha mantenido sus costumbres, lenguaje, y cultura. Por lo tanto, el 21 de Mayo del 2001, La Organización de las Naciones Unidas para la Educación, la Ciencia y la Cultura (UNESCO) declaró la Lengua, danza, y la música Garífuna como un **"Obra Maestra del Patrimonio Oral e Intangible de la Humanidad."**

1

Aban Hewe

One Snake   Una Culebra

Two Stars

Dos Estrellas

Biama Waruguma

2

ürüwa Ganaru

Three Ducks

3

Tres Patos

Four Pigs

Cuatro Cerdos

4 Gádürü Buíruhu

5

Seingü Ban

Five Socks   Cinco Calcetines

Seis Botes

Six Boats

6

Sisi Guríera

Sedü Kopu

Seven Cups

Siete Tazas

7

Coffee

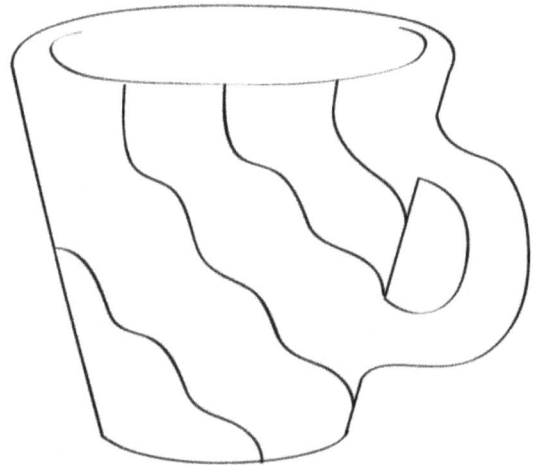

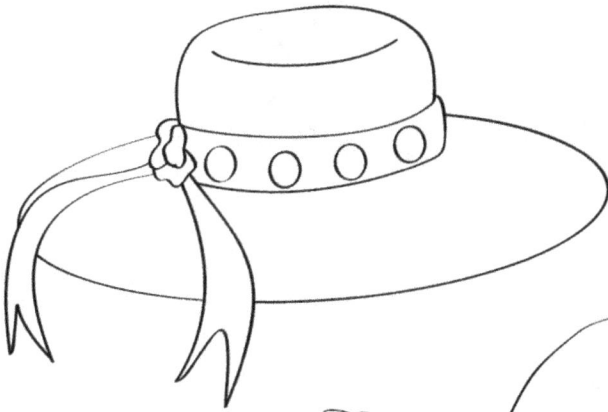

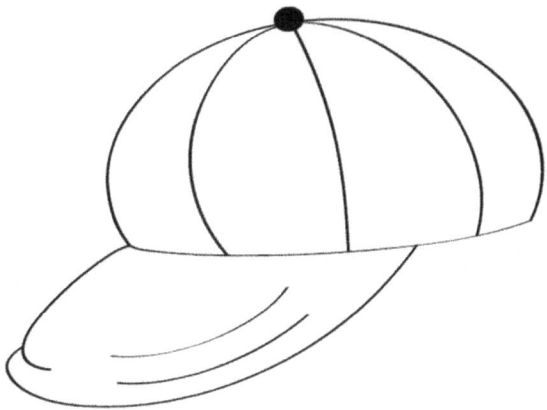

Widü Bunidi

Eight Hats

Ocho Sombreros

8

Nefu Sabadu

Nine Shoes

Nueve Zapatos

9

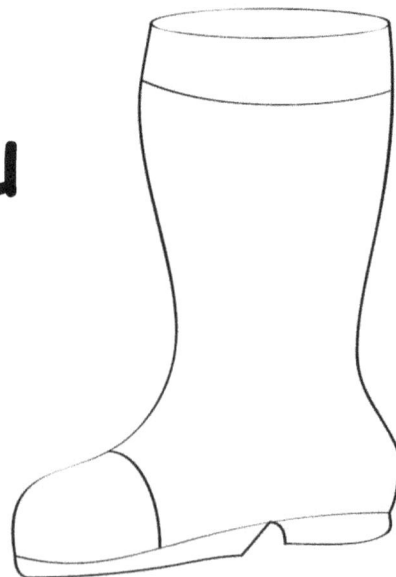

Ten Pumpkins

Diez Calabazas

Disi Wéiyama

Aban Ounli

1

One Dog

Un Perro

Two Butterflies

2

Biama Wurigabagaba

Dos Mariposas

3

ürüwa Garawoun

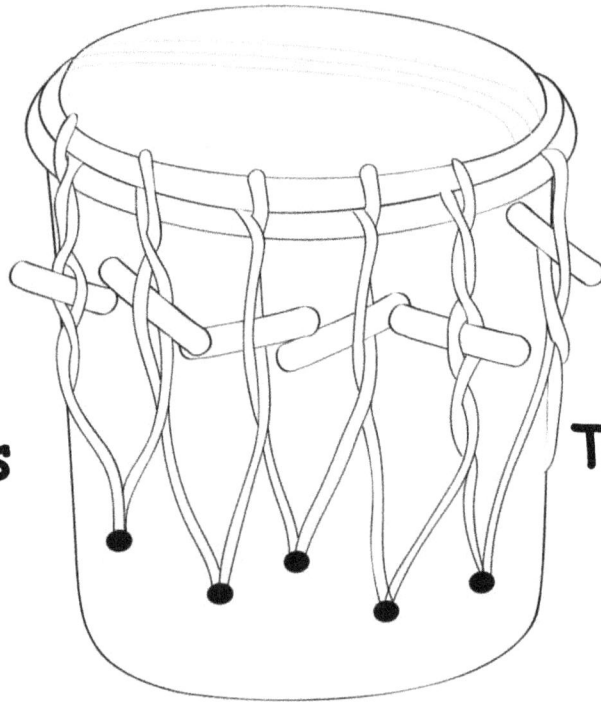

Three Drums   **Tres Tambores**

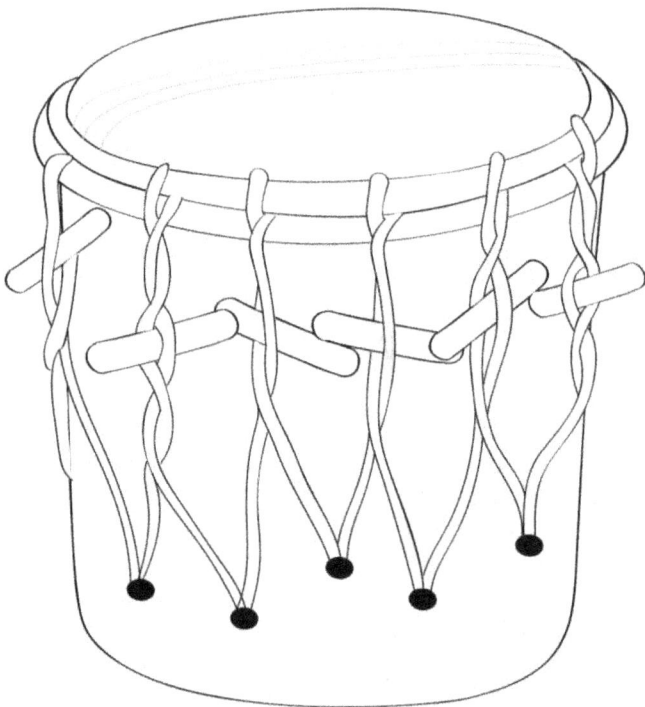

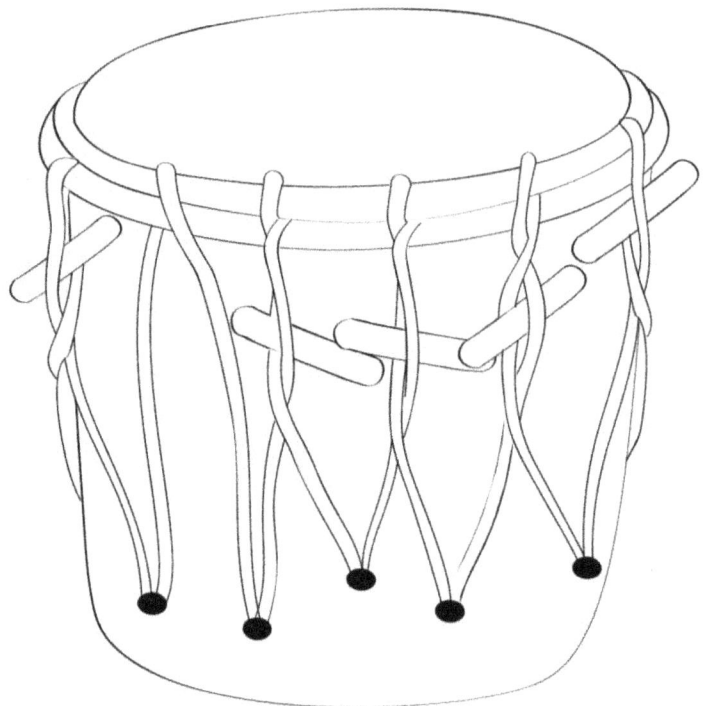

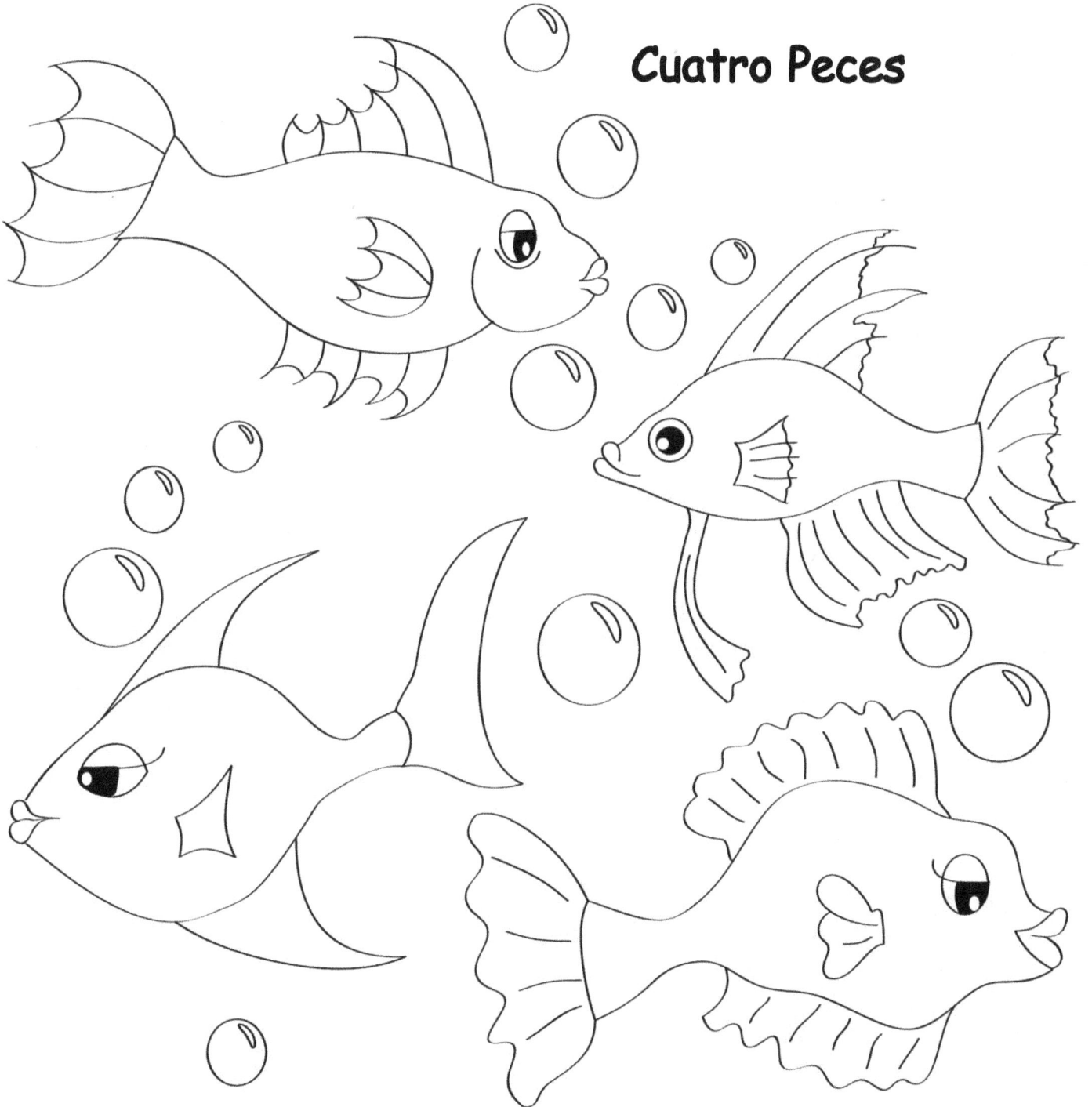

4

Gádürü Uduraü

Four Fish

Cuatro Peces

Seingü Húa

5

Five Frogs   **Cinco Ranas**

Six Trees

Seis Arboles

Sisi Idibu

6

Seven Beetles

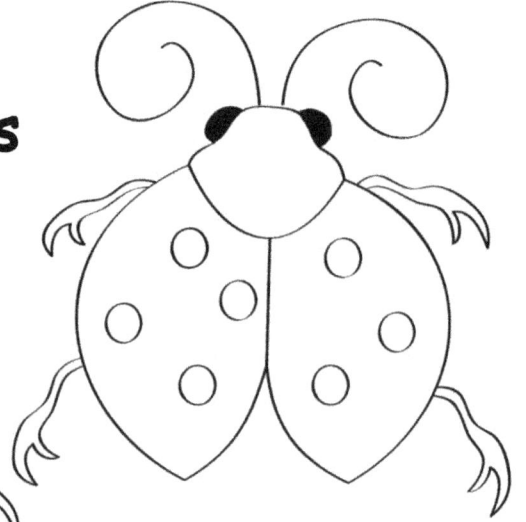

Siete Escarabajos

7

Sedü Deretágei

Eight Suns

Ocho Soles

8 Widü Weyu

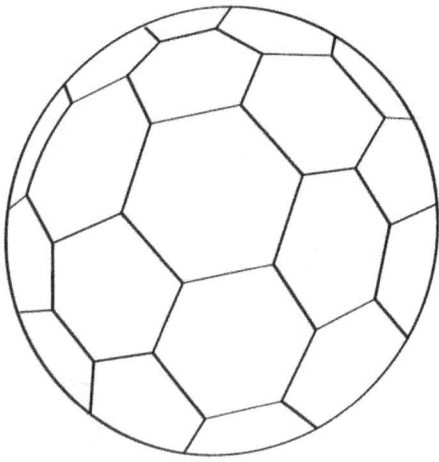

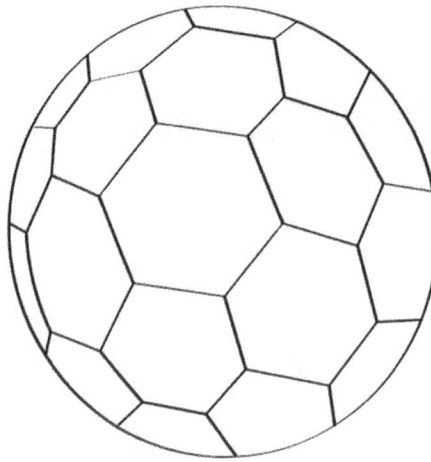

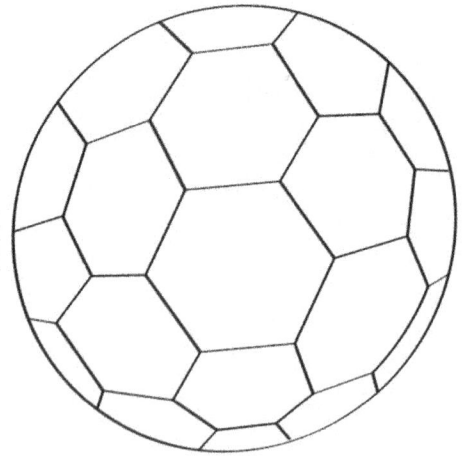

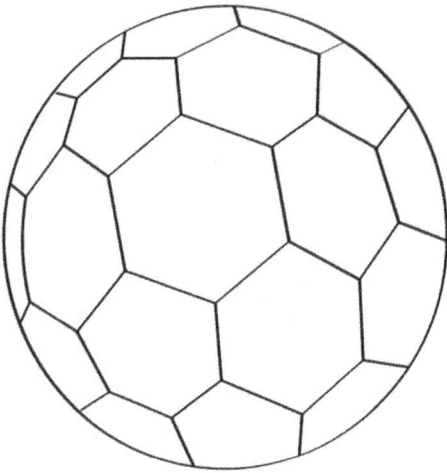

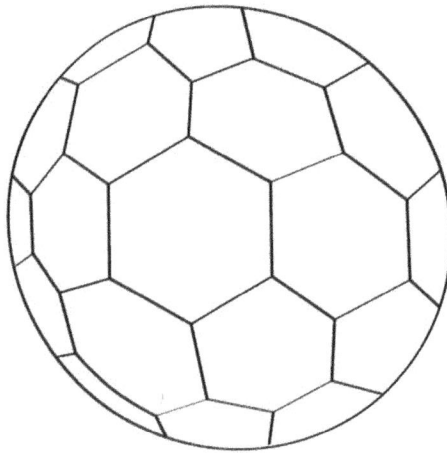

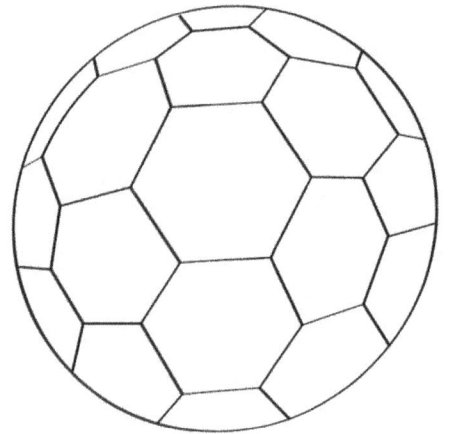

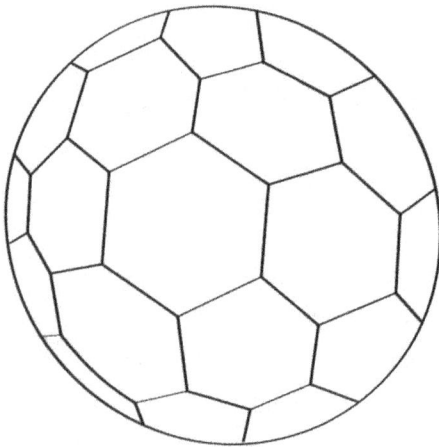

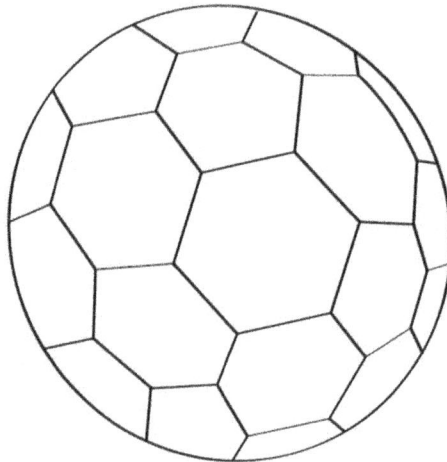

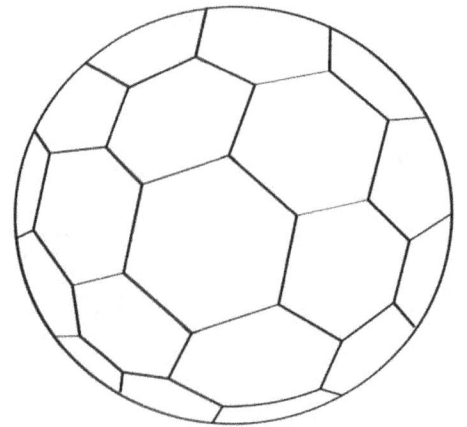

9

Nine Balls

Nueve Pelotas

Nefu Bali

10

Ten Bananas

Diez Bananas

Disi Bímina

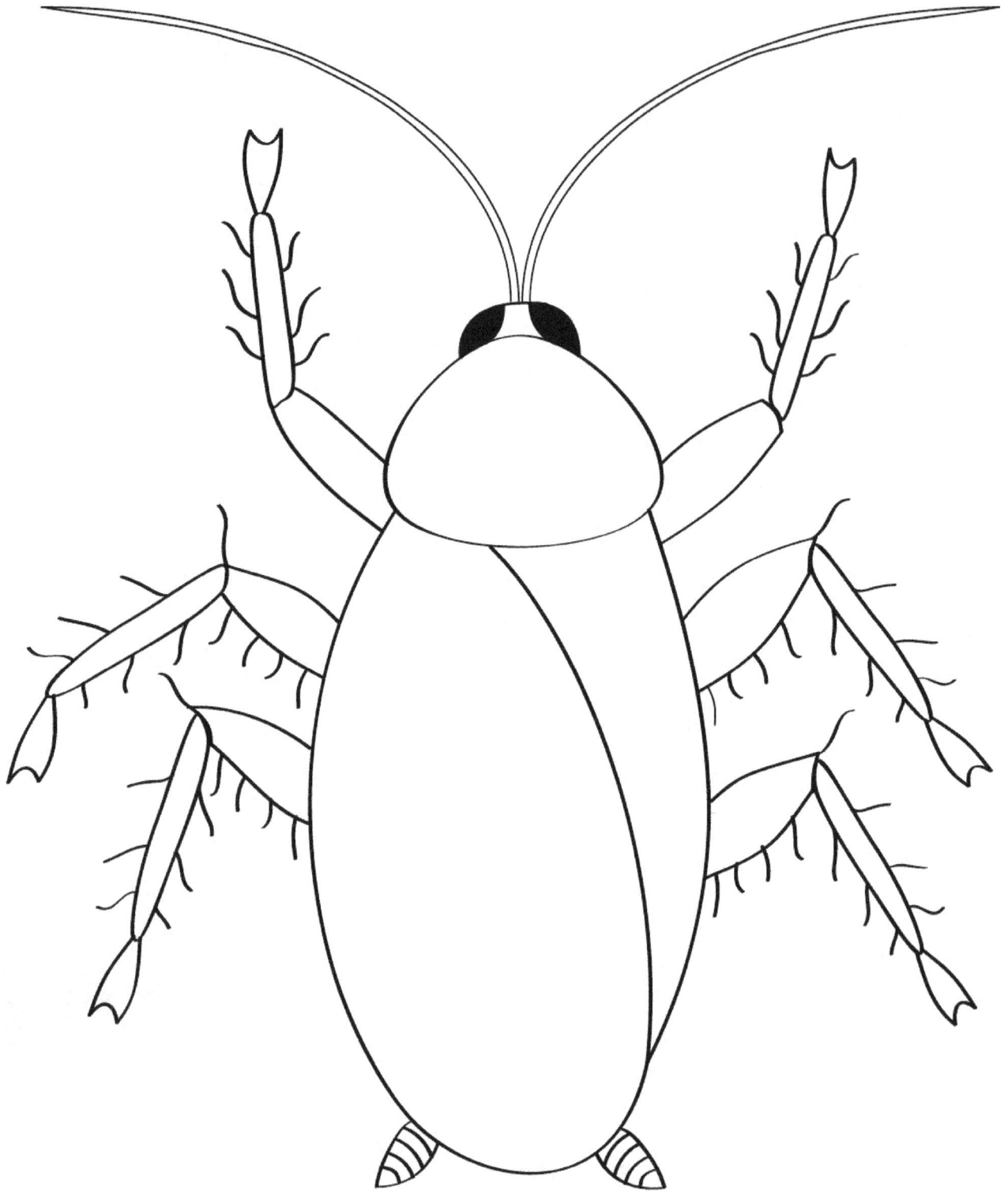

Cockroach

Cucaracha

Fudi

Garadun

Mouse   Ratón

Cow

Vaca

Bágasu

House

Casa

Muna

Guríera

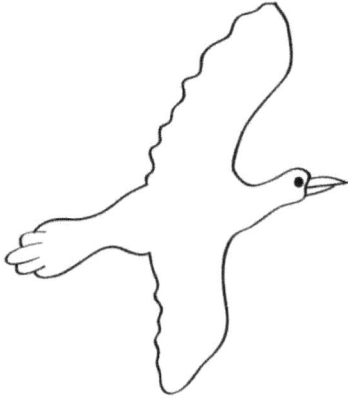

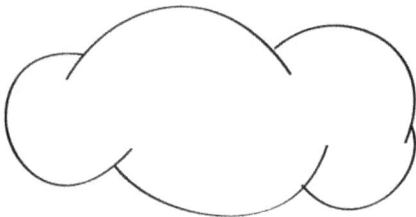

Boat

Bote

Fuluri

Flower

Flor

Beyabu

Beach

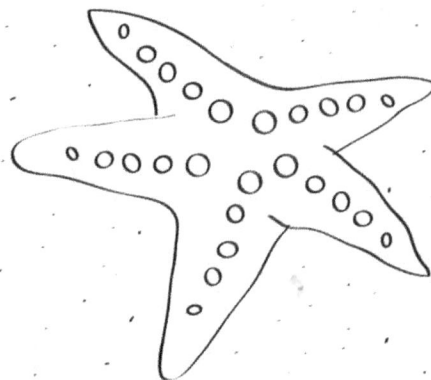

Playa

Isidra Sabio nació y creció en la comunidad Garífuna de Cristales de Trujillo, Honduras. Isidra tiene una maestría en ciencias de la Universidad Estatal de Luisiana,USA. En el año 2007, Isidra recibió el premio en la categoría de "Contribución Científica" de manos del Presidente de Honduras. Actualmente, Isidra trabaja en proyectos de investigación en salud pública en los Estados Unidos.

Isidra comenzó a dibujar e ilustrar desde que era una niña, ella ha ilustrado y publicado varios libros para niños y tarjetas para toda ocasión a través de su empresa editorial Afro-Latin Publishing, Inc.

www.ingramcontent.com/pod-product-compliance
Lightning Source LLC
Chambersburg PA
CBHW080536030426
42337CB00023B/4757